Opuestos
en el reino animal

Amy White
Traducción/Adaptación de Lada J. Kratky

grande

pequeño

alto

bajo

largo

corto

Los animales pueden ser grandes
o pequeños.
Pueden ser altos o bajos.
Pueden ser largos o cortos.

Algunos animales viven en el agua.
Otros animales viven en la tierra.
Muchos animales vuelan.

La ballena azul es muy grande.
Vive en el océano.

Las ballenas comen krill.
El krill es muy pequeño.

El elefante es muy grande.
Come hojas y hierbas.

El ratón es muy pequeño.
Come hierbas y carne.

El avestruz es muy alto.
Tiene alas pero no vuela.

El colibrí es muy pequeño.
Mueve las alas rápidamente.

La jirafa es muy, muy alta.
Tiene un cuello larguísimo.

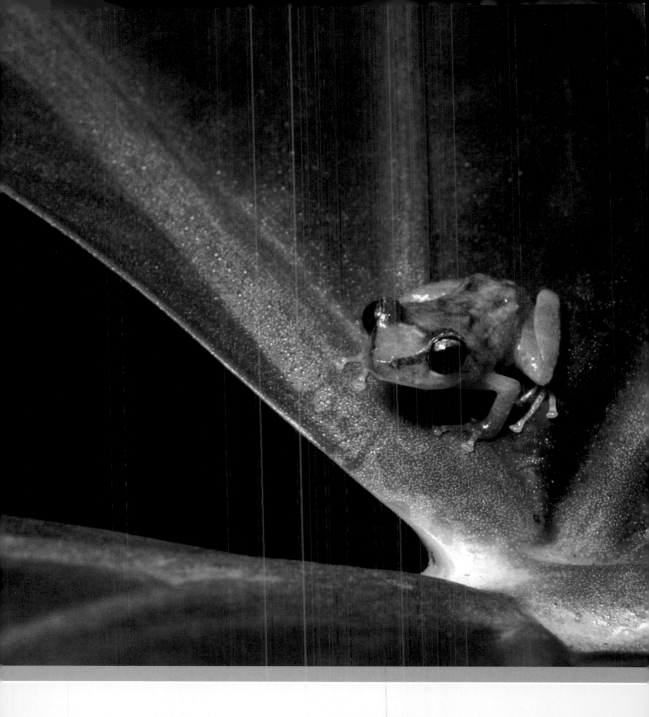

El coquí es muy, muy bajito.
Vive en el agua y en la tierra.

El tiburón ballena es muy, muy largo.
Tiene una boca muy ancha.

El pez dorado es muy corto.
Puede ser rojo o amarillo.

Algunos monos tienen una
cola larga.
Viven en los árboles.

Este perrito de las praderas tiene la cola corta.
Come plantas.

¿Cuál es tu animal favorito?
¿Dónde vive?
¿Cómo es?